Pebble™ Plus

Máquinas maravillosas/Mighty Machines
Excavadoras/Backhoes

por/by Linda D. Williams

Traducción/Translation: Martín Luis Guzmán Ferrer, Ph.D.
Editor Consultor/Consulting Editor: Dra. Gail Saunders-Smith

Consultant: Debra Hilmerson, Member
American Society of Safety Engineers
Des Plaines, Illinois

Capstone
press

Mankato, Minnesota

Pebble Plus is published by Capstone Press
151 Good Counsel Drive, P.O. Box 669, Mankato, Minnesota 56002
www.capstonepress.com

1 2 3 4 5 6 11 10 09 08 07 06

Library of Congress Cataloging-in-Publication Data
Williams, Linda D.
    [Backhoes. Spanish & English]
    Excavadoras=Backhoes/by Linda D. Williams.
    p. cm.—(Pebble plus: Máquinas maravillosas =Pebble plus. Mighty machines.)
    Includes index.
    ISBN-13: 978-0-7368-5866-3 (hardcover)
    ISBN-10: 0-7368-5866-0 (hardcover)
    1. Backhoes—Juvenile literature. [1. Backhoes.] I. Title. II. Series: Pebble plus. Máquinas maravillosas.
TA735.W5518 2006
629.225—dc22   2005019048

Summary: Simple text and photographs present backhoes and the work they do.

Editorial Credits
Martha E. H. Rustad, editor; Jenny Marks, bilingual editor; Eida del Risco, Spanish copy editor; Molly Nei,
    series designer; Scott Thoms, photo researcher; Karen Hieb, product planning editor

Photo Credits
Capstone Press, 1
constructionphotography.com, 18–19
Corbis/Lester Lefkowitz, cover, 10–11
David R. Frazier Photolibrary, 6–7, 8–9, 12–13, 15
Folio Inc./Catherine Ursillo, 16–17; Mark Gibson, 20–21
Index Stock Imagery/Omni Photo Communications Inc., 4–5

Note to Parents and Teachers

The Mighty Machines series supports national standards related to science, technology, and society. This book describes and illustrates backhoes. The images support early readers in understanding the text. The repetition of words and phrases helps early readers learn new words. This book also introduces early readers to subject-specific vocabulary words, which are defined in the Glossary section. Early readers may need assistance to read some words and to use the Table of Contents, Glossary, Internet Sites, and Index sections of the book.

Table of Contents

Tabla de contenidos

Backhoes

Backhoes dig and lift. Backhoes help make new roads and sidewalks.

Excavadoras

Las excavadoras cavan y levantan. Las excavadoras ayudan a hacer carreteras y aceras nuevas.

Track backhoes move on
rolling tracks. They dig
holes with large buckets.

Las excavadoras de banda
se mueven sobre bandas que
ruedan. Cavan hoyos con
unos cucharones muy grandes.

bucket/cucharón

7

Backhoe loaders move on
tires. They dig with buckets.
They lift with loaders.

Las excavadoras de carga
se mueven sobre llantas.
Cavan con cucharones.
Levantan con cargadores.

loader/cargadores

Parts of Backhoes

Backhoe buckets have
metal teeth. The teeth help
backhoe buckets dig.

Las partes de las excavadoras

Los cucharones de la excavadora
tienen dientes de metal. Los dientes
ayudan a la excavadora a cavar.

teeth/dientes

Backhoe booms move like
an arm. Backhoe booms
move buckets in and out,
up and down.

El aguilón de la excavadora se
mueve como un brazo. Los aguilones
de las excavadoras mueven
los cucharones de adentro hacia
fuera y de arriba hacia abajo.

boom/aguilón

What Backhoes Do

Backhoes dig down deep
into the ground. They
scoop dirt and then swing
it high into the air.

Qué hacen las excavadoras

Las excavadoras cavan muy profundo
en la tierra. Las excavadoras toman
paletadas de tierra y las levantan
hacia arriba en el aire.

Backhoes dump rocks
and dirt into trucks.
Backhoes fill train cars
with gravel and coal.

Las excavadoras descargan
la tierra y las piedras en camiones.
Las excavadoras también llenan
los vagones de ferrocarril
con grava y carbón.

Mighty Machines

Backhoes dig and lift dirt and rocks. Backhoes are mighty machines.

Máquinas maravillosas

Las excavadoras cavan y levantan tierra y piedras. Las excavadoras son unas máquinas maravillosas.

Glossary

backhoe loader—a machine with a bucket for digging and a loader for lifting; a backhoe loader moves on tires.

boom—a metal arm that moves a backhoe bucket

bucket—a scoop on a backhoe; a bucket is on the end of a boom.

side legs—a pair of metal bars on the sides of a backhoe; side legs keep backhoes from tipping over.

track—a wide metal or rubber belt that runs around wheels; track backhoes move on two tracks; tracks help backhoes move over rough ground.

track backhoe—a machine with a bucket for digging; a track backhoe moves on metal or rubber tracks.

Glosario

aguilón—brazo de metal que mueve el cucharón de la excavadora

banda—cinta ancha de metal o de goma que se mueve sobre ruedas; las excavadoras de banda se mueven sobre dos bandas; las bandas sirven para que las excavadoras puedan moverse en terrenos irregulares.

cucharón—cubo de una excavadora; el cucharón está al final del aguilón.

excavadoras de banda—máquina con un cucharón para cavar; la excavadora de banda se mueve sobre una banda de metal o de goma.

excavadora de carga—máquina con un cucharón para cavar y un cargador para levantar; una excavadora de carga se mueve sobre llantas.

pata lateral—par de barras de metal a los lados de la excavadora; las patas laterales evitan que la excavadora se caiga.

Internet Sites

FactHound offers a safe, fun way to find Internet sites related to this book. All of the sites on FactHound have been researched by our staff.

Here's how:

1) Visit *www.facthound.com*

2) Type in this special code **0736825924** for age-appropriate sites. Or enter a search word related to this book for a more general search.

3) Click on the **FETCH IT** button.

FactHound will fetch the best sites for you!

Sitios de Internet

FactHound te ofrece una manera segura y divertida para encontrar sitios de Internet relacionados con este libro. Todos los sitios de FactHound han sido investigados por nuestro equipo. Es posible que los sitios no estén en español.

Así:

1) Ve a *www.facthound.com*

2) Teclea la clave especial **0736825924** para los sitios apropiados por edad. O teclea una palabra relacionada con este libro para una búsqueda más general.

3) Clic en el botón de **FETCH IT**.

¡FactHound buscará los mejores sitios para ti!

Index

Índice